AF126378

LEKTÜRE HILFE

Supergute Tage
oder Die sonderbare Welt
des Christopher Boone

Mark Haddon

Verfasst von Steve MacGregor
Übersetzt von Alexandra Faivre

DER QUERLESER

MARK HADDON   9

SUPERGUTE TAGE ODER DIE SONDERBARE WELT DES CHRISTOPHER BOONE   11

INHALTSANGABE   15

Der Hund, der nicht bellte
Christophers Haft
Der junge Detektiv
Die Wahrheit steht in den Briefen
Christopher wird zum Ausreißer
Wiedervereinigung

PERSONENANALYSE   25

Christopher John Francis Boone
Ed Boone
Judy Boone
Mrs. Shears
Mr. Shears
Siobhan

INTERPRETATION   33

Verschiedene Themen
Verlust und die Unordnung des Lebens
Suche nach Ordnung im Universum

ZUM NACHDENKEN   45

DARÜBER HINAUS   51

MARK HADDON

ENGLISCHER SCHRIFTSTELLER UND DICHTER

- **Geboren 1962 in Northampton (England)**
- **Einige seiner Werke:**
  - *Der wunde Punkt* (2007), Roman
  - *Das rote Haus* (2012), Roman
  - *Boom!* (2009), Kinderroman

Mark Haddon ist ein englischer Schriftsteller, Bühnenautor, Drehbuchautor, Dichter und Karikaturist des 21. Jahrhunderts. Er wurde sowohl für seine Kinderbücher als auch für seine Erwachsenenromane ausgezeichnet. Er studierte an der Oxford University und an der Edinburgh University und begann nach einem Masterabschluss in Englischer Literatur Kinderbücher zu schreiben, die er oft selbst illustrierte. Später wurden einige seiner Kinderbücher von der BBC verfilmt, zudem adaptierte er selbst auch einige Werke anderer Autoren für das Fernseher. Haddon ist Vegetarier, Atheist und langjähriger Vertreter von Tierrechten.

SUPERGUTE TAGE ODER DIE SONDERBARE WELT DES CHRISTOPHER BOONE

EINE AUSSERGEWÖHNLICHE DETEKTIVGESCHICHTE

- **Textgattung:** Roman (Kriminalroman/ Familiendrama)
- **Herangezogene Ausgabe:** Haddon, Mark: *Supergute Tage oder Die sonderbare Welt des Christopher Boone.* Aus dem Englischen von Sabine Hübner. Goldmann: München 2005.
- **Erstausgabe:** 2003
- **Themen:** Unabhängigkeit, Wahrnehmung, Trauerbewältigung, Familienbeziehungen

Supergute Tage oder Die sonderbare Welt des Christopher Boone ist die Geschichte eines Fünfzehnjährigen, Christopher Boone, der versucht herauszufinden, wer den Pudel Wellington mit einer Mistgabel erstochen hat. Christopher selbst ist der Erzähler. Er hat eine Behinderung, die seine Wahrnehmung der Welt beeinflusst. Auch wenn diese Behinderung im Roman weder definiert noch benannt wird, weisen viele Merkmale auf eine Form von Autismus oder Asperger-Syndrom hin. Die Geschichte spielt vor dem Hintergrund seiner zerbrochenen Familie in einer englischen Vorstadt und erzählt von Christophers Selbstentdeckung. Die Ereignisse werden aus der Sicht des außergewöhnlichen Jugendlichen selbst beschrieben.

Das Buch beschäftigt sich mit aktuellen Themen wie Scheidung, Erziehung und Trennung. Bei seiner Veröffentlichung wurde es sehr gut von der Kritik aufgenommen, hat mehrere Preise gewonnen und hat sich mehr als zwei Millionen Mal verkauft. Haddon schrieb es ursprünglich als sein erstes Buch für Erwachsene, es wurde aber gleichzeitig auch für Jugendliche veröffentlicht. Die beiden Ausgaben unterscheiden sich lediglich durch ihren Einband.

INHALTSANGABE

DER HUND, DER NICHT BELLTE

Die Geschichte beginnt, als der 15-jährige Protagonist und Erzähler Christopher Boonedie Leiche von Wellington, dem großen schwarzen Pudel seiner Nachbarin Mrs. Shears, entdeckt. Der Hund wurde vor ihrem Haus mit einer Mistgabel erstochen. Christopher beschließt, wie sein Vorbild Sherlock Holmes diesen Mord zu lösen und darüber ein Buch zu schreiben. Bereits der Originaltitel, *The Curious Incident of the Dog in the Night-Time*, ist ein Zitat aus *Silberstern* (Originaltitel *Silverblaze*), einer *Sherlock-Holmes*-Kurzgeschichte von Arthur Conan Doyle (siehe S. 5). Genau wie in klassischen Kriminalromanen enthüllt der scheinbar simple Tod im Laufe der Untersuchung ein Netz von Lügen und Intrigen.

Christopher erzählt die Geschichte aus seiner eigenen Sicht, wobei ihm gelegentlich geholfen wird und seine leichte Behinderung ihn manchmal einschränkt. Wegen dieser kann er die Welt nicht in abstrakten Begriffen verstehen und begreift nicht immer, warum sich seine Mitmenschen auf eine bestimmte Weise verhalten oder was ihre Gesten und Gesichtsausdrücke bedeuten.

CHRISTOPHERS HAFT

Die Polizei wird gerufen und scheint zunächst Christopher zu verdächtigen. Als die Polizisten am Tatort ankommen, schlägt Christopher einen von ihnen, weil er nicht verstehen, was der Polizist von ihm verlangt. Er wird festgenommen, weil er und der Polizist das Verhalten des jeweils anderen falsch interpretieren: „Ich kann es nicht leiden, wenn Leute mich anschreien. Ich kriege dann immer Angst [...], und weiß nicht, was als Nächstes passieren wird" (S. 11). Mit dieser Szene wird schnell deutlich, dass Christopher Schwierigkeiten mit menschlicher Interaktion hat und dass es auch seiner Umgebung schwerfällt, mit seinem Verhalten umzugehen. Nachdem sein Vater, Ed Boone, auf die Wache gekommen ist und den Polizisten die Situation erklärt hat, wird Christopher entlassen. Der Leser bekommt in dieser Szene einen ersten Eindruck von ihrer Beziehung, da der Vater seinen Sohn beruhigt und ihm mit speziellen Techniken erläutert, was passiert ist.

DER JUNGE DETEKTIV

Christophers Ermittlung wird auf den Vorschlag von Siobhan, einer Lehrerin seiner Sonderschule, zu einer Hausaufgabe. Das Buch, das der Leser in den Händen hält, ist das Manuskript, das Christopher für die Schule vorbereitet. Seine Lehrerin unterstützt ihn dabei und ermuntert ihn, sein Mathematik-Abitur zu machen, damit er seinen Traum, zu studieren, erfüllen kann. Es wird außerdem erklärt, das Christopher und sein Vater alleine wohnen, da Christophers Mutter aufgrund einer Krankheit im Krankenhaus gestorben ist. Dies kam für den Jungen überraschend, da er sie immer als aktiv und gesund wahrgenommen hatte.

Christophers Ermittlungen führen ihn in die Welt der Erwachsenen, die für ihn chaotisch und verwirrend erscheint. Jedes Mal, wenn er versucht, der Wahrheit näherzukommen, stehen ihm sein Vater, Mrs. Shears oder andere Erwachsene im Weg. Trotzdem schreibt er weiter auf, was er herausfindet. Eines Tages sieht und liest sein Vater sein Buch und verbietet ihm sehr wütend Detektiv zu spielen. Dennoch ermittelt

Christopher heimlich weiter, nachdem er konkrete Gründe dafür gefunden hat, sich über das Verbot seines Vaters hinwegzusetzen.

DIE WAHRHEIT STEHT IN DEN BRIEFEN

Das Buch verschwindet, vermutlich weil sein Vater es versteckt hat, doch Christopher findet es unter einer Kiste von Briefen, die seine Mutter ihm jahrelang geschrieben hat. Christopher ist sehr verwirrt: Laut seinem Vater ist seine Mutter seit einiger Zeit tot, aber einige der Briefe wurden erst vor kurzem geschrieben. Zunächst zögert er, die Briefe zu lesen: „Ich schwankte, ob ich es wirklich öffnen sollte [...]. Aber dann dachte ich, dass der Umschlag ja an mich adressiert war und mir gehörte und dass es o.k. war, ihn aufzumachen" (S. 152). So entdeckt Christopher, dass seine Mutter eigentlich nicht tot ist, sondern eine Affäre mit Mr. Shears, dem Ehemann von Wellingtons Besitzerin, hatte und ihre Familie verlassen hat, um mit ihm zu zusammenzuwohnen.

Die Briefe verschieben die Erzählperspektive auf die dritte Person Singular, wobei der Leser erfährt, warum Christophers Mutter ihre Familie verlassen hat, wie schwer es ihr fiel, mit ihrem vorherigen Leben zurechtzukommen, und wie sehr sie ihren Sohn vermisst und sich wünscht, er würde sie besuchen. Obwohl sie nie eine Antwort bekommen hat, schreibt sie ihm weiterhin regelmäßig. Christopher fällt vor Schock in Ohnmacht und wird einige Zeit später von seinem Vater inmitten der Briefe entdeckt.

Christophers Vater versucht seinem Sohn zu erklären, dass er ihm die Briefe verheimlicht hat, weil er dachte, dass Christopher die Ablehnung seiner Mutter nicht hätte verkraften können. Er entschuldigt sich und sagt, er hätte Christopher vor dem Gefühl schützen wollen, im Stich gelassen worden zu sein. Er gibt auch zu, dass er den Hund getötet hat. Die Szene ist damit ein Wendepunkt in der Geschichte: Sein Sohn – und daher auch der Leser – betrachtet ihn von nun an nicht mehr als den wohlwollenden Witwer, sondern als den Bösewicht des Buches, Christophers Antagonisten und die Person, die alle seine Hoffnungen und Träume zerstört hat. Es geht sowohl für Christopher als auch den Leser nun darum, das zu hinterfragen, was sie bist jetzt für die Wahrheit gehalten haben.

CHRISTOPHER WIRD ZUM AUSREISSER

Christopher hat jetzt schreckliche Angst vor seinem Vater und beschließt, dass er nicht mehr in seiner Nähe bleiben kann. Er versteckt sich in seinem Zimmer und weigert sich, seinen Vater zu sehen oder mit ihm zu sprechen, da er diesen für einen Mörder hält und befürchtet, selbst in großer Gefahr zu sein. Er zieht sich zurück und weist alle Annäherungsversuche seines Vaters zurück, ihm wieder nah zu kommen. Schließlich kommt Christopher zu dem Schluss, dass sein nächster logischer Schritt darin besteht, nach London zu gehen, um seine Mutter zu finden und bei ihr zu wohnen.

Er macht eine kleine Reise, die es ihm ermöglicht, auf klassische Weise erwachsen zu werden, genauso wie viele andere Romanhelden auf ihren Reisen, beispielsweise Huckleberry Finn in *Die Abenteuer des Huckleberry Finn* (Mark Twain, 1884), die Protagonisten von *Unterwegs* (Jack Kerouac, 1957). Dabei muss Christopher Schwierigkeiten überwinden, um seinen Weg zu finden, sowohl im wörtlichen als auch im übertragenen Sinn. Er bemüht sich, die Kommunikationsweisen seiner Mitmenschen zu begreifen, und lernt schließlich, auf seine eigenen Bedürfnisse zu achten.

WIEDERVEREINIGUNG

Christopher findet heraus, dass seine Mutter in einer kleinen Wohnung in London wohnt, und wartet dort auf sie, bis sie von der Arbeit zurückkehrt. Sie ist gleichzeitig schockiert und begeistert, ihn zu sehen, Mr. Shears dagegen nicht. Während sie versucht, sowohl auf die Bedürfnisse ihres Freunds als auch denen ihres Sohnes einzugehen, verliert sie ihren Job und Christopher wird hysterisch, weil vielleicht er sein Abitur nicht ablegen kann. Christophers Vater besucht sie, aber Christopher hat große Angst vor ihm und da das Verhältnis zwischen ihm und Mr. Shears gespannt ist, muss Ed gehen. Nach einem besonders schweren Streit trennt sich Christophers Mutter von Mr. Shears und fährt mit Christopher zurück zu ihrem ehemaligen Familienhaus. Ed bemüht sich, das Vertrauen seines Sohnes zurückzugewinnen, schenkt ihm schließlich einen kleinen Hund und kann mit ihm allmählich wieder eine Vater-Sohn-Beziehung aufbauen. Christophers Mutter findet einen neuen Job und eine Wohnung in der Nähe und Christopher schreibt seine Abiturprüfung in Mathematik und bekommt eine Eins.

Am Ende des Buches werden die Geheimnisse gelüftet und die Familie überwindet ihre Probleme. Zwar geschieht dies nicht auf einfache, ordentliche Weise, doch durch das Chaos finden die verschiedenen Familienmitglieder einen neuen Weg zueinander und können ihrem eigenen Leben einen Sinn geben.

PERSONENANALYSE

CHRISTOPHER JOHN FRANCIS BOONE

Christopher ist der fünfzehnjährige Protagonist des Buches und hat eine besondere Begabung für Mathematik. Er ist der Erzähler des größten Teils der Geschichte, sodass die Handlung hauptsächlich aus seiner Sicht beschrieben wird. Christopher hat eine ungenannte Behinderung – wobei mehrere Aspekte auf Asperger-Syndrom hindeuten – und muss daher auf eine Sonderschule gehen. Er hat wegen seiner Behinderung außerdem Mühe, von der Gesellschaft akzeptiert zu werden und die Welt um ihn herum zu verstehen: „[I]ch kann mir nur sehr schwer Sachen ausdenken, die mir selbst nicht passiert sind" (S. 14). Christopher empfindet Veränderungen in seiner Routine als große Herausforderung und stützt sich auf Logik und konkrete Dinge, um seine Erlebnisse zu interpretieren. Genauso versucht er auch, das Rätsel darum zu lösen, wer den Hund seiner Nachbarin getötet hat.

Im Verlauf der Geschichte versucht Christopher unabhängiger und erwachsener zu werden und gleichzeitig mit den wechselnden Beziehungen der Erwachsenen um ihn herum und seine wandelnde Meinung von ihnen zurechtzukommen. Er erzählt die Geschichte in einem klaren, aufrichtigen und objektiven Stil, der keinen Raum für die Gefühle und Emotionen von Christophers Mitmenschen lässt. Dies lässt sich den Leser damit auseinandersetzen, dass soziale Konventionen zwar häufig Unaufrichtigkeit voraussetzen, diese aber notwendig für einen reibungslosen Ablauf der menschlichen Beziehungen ist.

ED BOONE

Christophers Vater ist Heizungsinstallateur und kümmert sich allein um seinen Sohn, seit seine Frau die Familie verlassen hat. Er ist manchmal ungeduldig und reizbar, außerdem hat er Mühe, seinen Sohn zu verstehen und sich gleichzeitig um Christopher zu kümmern und zu arbeiten. Seine Vaterrolle liegt ihm jedoch am Herzen und er zeigt Verständnis und Kreativität hinsichtlich Christophers komplexer Bedürfnisse. Der Leser erfährt später, dass er gelogen hat, als er Christopher gesagt hat, seine Mutter sei gestorben. So wollte er vermeiden, ihm zu erklären, dass sie eigentlich die Familie verlassen hat. Diese Lüge verursacht einen Bruch zwischen Ed und seinem Sohn. Später gibt Ed auch zu, dass er den Hund Wellington getötet hat, weil er darauf wütend war, dass Mrs. Shears die Beziehung zu ihm beendet hat. Dieses Geständnis löst in Christopher große Angst aus: „Vater hatte Wellington ermordet. Das hieß, dass er vielleicht auch mich ermordete" (S. 190). Ed Boone wird von da an zum Antagonisten und Bösewicht der Geschichte. Gleichzeitig vermutet der Leser aber auch, dass er außer Eifersucht und Wut andere Gründe gehabt haben könnte, die Wahrheit vor Christopher zu verheimlichen.

Diese Bekenntnisse führen zum zweiten Teil des Buches, in dem Ed versucht, mit den Folgen der Ereignisse umzugehen, und seine Beziehung zu seinem Sohn wieder aufzubauen.

JUDY BOONE

Judy ist Christophers Mutter, von der der Leser (und Christopher) zunächst glaubt, sie sei tragischerweise krank geworden und im Krankenhaus gestorben. Christopher erinnert sich an eine liebevolle, impulsive und beschützende Mutter, wobei seine Reaktion auf ihren Tod jedoch überraschend neutral scheint. Später erfährt der Leser (und Christopher), dass sie nicht gestorben ist, sondern mit Mr. Shears, dem Nachbarn, eine Affäre hatte und deswegen die Familie verlassen hat. Durch die Briefe, die sie ihrem Sohn geschickt hat und die Christopher entdeckt, wird sie vorrübergehend – als einzige Figur neben Christopher – zum Erzähler. Sie erzählt, dass sie aus idealistischen Gründen gegangen ist, doch der Leser bekommt den Eindruck, dass sie Depressionen gehabt haben könnte, mit ihrem Sohn nicht richtig zurechtkam und dass ihre Ehe mit Ed von Christophers Bedürfnissen schwer belastet war. Später in der Geschichte erweist sie sich als widerstandfähige, unabhängige, einfallsreiche Frau und hingebungsvolle Mutter, als sie die unerwartete Rückkehr ihres Sohns in ihr Leben verarbeitet.

MRS. SHEARS

Sie ist die Nachbarin der Boones und die Besitzerin des Hundes Wellington, der mit einer Mistgabel erstochen wurde. Der Leser erfährt nur wenig über sie, obwohl der Vater erzählt, dass er mit ihr eine Beziehung hatte, nachdem ihre jeweiligen Partner eine Affäre miteinander hatten. Sie fand es aber zu schwierig, mit Christopher zurecht zu kommen, hat die Beziehung zu Ed daher beendet und möchte danach keinen Kontakt mehr zu den Boones haben. Der Tod ihres Hundes ist der Hauptvorfall und der Auslöser der Geschichte.

MR. SHEARS

Mr. Shears wohnt mit Christophers Mutter zusammen, nachdem sie eine Affäre hatten und ihre jeweiligen Partner verlassen haben. Weder braucht er Christopher noch will er ihn in seiner neuen Familie haben und zeigt kein Verständnis für seine Bedürfnisse und für seine Beziehung zu seiner Mutter. Seine negative Reaktion auf Christophers Einzug in ihr Leben beschleunigt die neue Konstellation der Familie Boone.

SIOBHAN

Siobhan ist Christophers Lehrerin und Betreuerin in seiner Sonderschule. Sie ermutigt ihn, ein Buch zu schreiben, und gibt ihm Ratschläge, um die

Geschichte für die Leser angenehmer zu gestalten. Sie rät ihm zum Beispiel, Mathematikrätsel aus der Erzählung herauszulassen. Christopher berichtet in seinem Buch, was sie ihm sagt, wodurch der Leser erfährt, dass sie Christopher Strategien an die Hand gibt, um mit der Welt umzugehen, und die Welt für ihn so filtert, dass er sie besser verstehen kann. Siobhan wird so gewissermaßen zu den Ohren und Augen des Lesers, indem sie Christophers Taten und Erzählungen beobachtet.

INTERPRETATION

Bei dem Roman handelt es sich um eine Detektivgeschichte, wenn auch eine ungewöhnliche. Das Genre ist durch mehrere Merkmale gekennzeichnet:

- ein Verbrechen, oft ein Mord
- eine Ermittlung
- die Enthüllung tiefer Geheimnisse
- ein Profi- oder Amateurdetektiv, oft ein Außenseiter oder jemand, der aus einem gewissen Grund außergewöhnlich ist

Das Verbrechen ist in diesem Roman der brutale Mord des Pudels Wellington. Die Art, wie er getötet wurde, gibt der Geschichte ihren dramatischen Impuls. Christopher beschließt, das Verbrechen zu untersuchen, so wie sein Held Sherlock Holmes es machen würde: Er befragt Zeugen und sucht nach Beweisen („Dies ist ein Kriminalroman", S. 13). Die Vorgehensweise und die Weltsicht des Protagonisten sind außergewöhnlich und unkonventionell, womit er in die Fußstapfen anderer fiktiven Detektive tritt, z. B.

Agatha Christies Hercule Poirot oder Ian Rankins John Rebus. Seine unkonventionelle Weltsicht erklärt sich durch seine Persönlichkeit und seine Art zu denken. Während er seine Ermittlungen weiterführt, deckt er die Geheimnisse seiner Familie und seiner Nachbarn auf, und wie bei klassischen Kriminalromanen stellt sich heraus, dass die Motive der einzelnen Personen komplexer sind, als sie ursprünglich erscheinen.

VERSCHIEDENE THEMEN

Eines der wichtigsten Themen der Geschichte ist das Streben nach Unabhängigkeit. Christophers Weg ins Erwachsensein spiegelt den vieler jugendlicher Protagonisten wider, wie z. B. Harry Potter in der gleichnamigen Reihe von J. K. Rowling oder Holden Caulfield in *Der Fänger im Roggen* von J. D. Salinger, da sie alle Probleme überwinden müssen und sich bemühen, die Welt um sie herum zu verstehen: „Ich will, dass mein Name für mich steht" (S. 31). Für Christopher ist es ein besonders schwieriger Weg, weil er andere Menschen, soziale Gebräuche und abstraktes Denken nicht versteht. Seine Ermittlung setzt voraus, mit Fremden zu spricht und Entscheidungen über seine nächsten Schritte zu machen. Seine Abiturprüfung in Mathemathik ist auch ein Symbol für seinen Weg zur Unabhängigkeit, da sie ihm später ermöglichen wird, sein Zuhause zu verlassen. Während seiner Reise nach London, die für ihn herausfordern ist, stößt er vor dem Ziel auf Hindernisse. Auch seine Mutter und sein Vater machen Schritte in Richtung ihrer eigenen Unabhängigkeit, während sie sich bemühen, ihren Entscheidungen und Verantwortung einen Sinn zu geben.

Christopher sieht die Welt anders als die anderen Figuren oder als der Leser und seine besondere Perspektive ist auch ein Thema des Buches:

> Ich denke, Primzahlen sind wie das Leben. Sie sind sehr logisch, aber man käme niemals auf die Regeln, selbst wenn man die ganze Zeit über nichts anderes nachdenken würde. (S. 25)

Das Buch enthält 51 kurze Kapitel, die mit Primzahlen und nicht traditionell nummeriert sind, um Christophers Faszination für diese Zahlen widerzuspiegeln. Auch der Anfang des deutschen Titels, „Supergute Tage", ist ein Hinweis darauf, wie Christopher seine Tage wahrnimmt, denn er bewertet sie nach einer bestimmten Ordnung:

> 4 rote Autos in einer Reihe [bedeuteten] einen **Sehr Guten Tag** und 3 rote Autos in einer Reihe einen **Ziemlich Guten Tag** und 5 rote Autos einen **Superguten Tag** und 5 gelbe Autos in einer Reihe einen **Schwarzen Tag** [...]. (S. 44)

Um Christophers ungewöhnliche Wahrnehmung der Welt darzustellen, benutzt Haddon Vorfälle wie Christophers Verhaftung durch die Polizei am Anfang des Buches und seine Begegnung mit einem Polizisten am Bahnhof während seiner Reise. Diese machen die Kluft zwischen seinem Blick auf die Welt und dem der anderen deutlich, wie eine dramatische Szene im Buch zeigt: „Als ich klein war, konnte ich mir kaum vorstellen, wie der Verstand anderer Menschen funktioniert" (S. 181). Mit Christopher als Erzähler der Geschichte, bekommt der Leser einen Einblick in seine Welt, fragt sich aber auch, was real ist und wieviel von dem, was man gemeinhin als normales Verhalten betrachtet, eigentlich auf sozialen Normen und Erwartungen beruht.

VERLUST UND DIE UNORDNUNG DES LEBENS

Viele Figuren der Geschichte müssen mit Verlust zurechtkommen. Christopher glaubt, dass seine Mutter tot ist, und muss sich später damit abfinden, dass sie eigentlich ihn und seinen Vater verlassen hat. Während der Geschichte zerbricht auch seine Beziehung zu seinem Vater. Letzterer hat zuvor bereits erst seine Frau und dann seine Geliebte verloren. Mrs. Shears hat ihren Mann, ihren Hund und ihre Beziehung zu Ed Boone verloren. Sogar eine andere Nachbarin ist Witwe. Christophers Mutter ist zwar aus eigenem Antrieb gegangen, doch in den Briefen an ihren Sohn wird deutlich, dass auch sie das Gefühl hat, ihren Sohn verloren zu haben. Im Laufe der Geschichte werden Vertrauen, Träume und Liebe bedroht, verloren und in manchen Fällen wiedergefunden.

Eng damit verbunden ist die Vorstellung, dass das wirkliche Leben weder ordentlich noch logisch ist: „Ich hab es doch nur gut gemeint, Christopher. Ehrlich. Ich wollte dich nicht belügen" (S. 178). Es ist eigentlich chaotisch und unordentlich, und obwohl Christopher Strategien benutzt, um seine Umgebung und Beziehungen zu kontrollieren, gelingt es ihm nicht. Zu Hause, in der Schule, bei seinen Ermittlungen und auch in seinen Träumen von einem Leben mit seiner Mutter bereitet ihm dies Probleme. Der Schluss des Romans bietet ebenfalls keine wirklich ordentliche Lösung. Es wird ist nicht deutlich, ob Christopher seinen Traum erfüllen wird, an einer Universität zu studieren. Auch wenn die Aussicht auf eine Aussöhnung der Familie verlockend erscheint, ist die Lösung der Familienkonflikte, zu der es im Roman tatsächlich kommt, zeitgemäß und realistisch und entsprechen eher den Erfahrungen des Lesers.

SUCHE NACH ORDNUNG IM UNIVERSUM

Der größte Teil des Buches ist aus der Perspektive des Protagonisten geschrieben, sodass der Stil Christophers Denkweise entspricht. Die meisten Sätze sind kurz und deklarativ und beginnen mit einem Personalpronomen: „Ich finde Hunde gut. Man weiß immer, was sie denken. Sie haben nur vier Stimmungen: glücklich, traurig, ärgerlich und aufmerksam" (S. 11). Der Leser ist daher gezwungen, sich mit den konkreten Worten zu beschäftigen, und nicht nach einer versteckten Bedeutung zwischen den Zeilen zu suchen – genauso wie Christopher aufnimmt, was zu ihm gesagt wird. Die Struktur und der Inhalt der Sätze spiegeln Christophers Persönlichkeit wider. So kann der Leser nicht nur die Welt durch seine Augen betrachten, sondern stellt sich dadurch auch Fragen über seine eigene Wahrnehmung. Zum Beispiel stellt Christopher den religiösen Glauben infrage, als er sagt: „Ich denke mal, die Menschen glauben an den Himmel, weil ihnen die Vorstellung zu sterben nicht gefällt und weil sie weiterleben möchten" (S. 58). Bei komplexeren Sätzen wie diesen erkennt der Leser, dass sich Christopher zwar an konkreten Dingen orientiert, dies aber nicht bedeutet, dass er weniger intelligent oder schlau ist.

Es werden auch Wiederholungen verwendet, um zu zeigen, dass Christopher präzise denkt und anhand konkreter Worte Ordnung und Sicherheit in seiner Welt schafft. Da er weder Metaphern noch Vergleiche versteht, werden keine verwendet, was die Einfachheit und Direktheit des Textes noch verstärkt.

Haddon bezieht auch Mathematik, Naturwissenschaften und Logikrätsel in seinen Roman mit ein, um zu veranschaulichen, dass Christopher die Welt gerne geordnet betrachtet, weil er sich dadurch sicherer fühlt. Diese werden auch verwendet, um komplexere Idee zu erklären, wie als er sich im Bahnhof mit der Conway-Folge beschäftigt:

> Ich versuchte darüber nachzudenken, was ich jetzt tun musste, aber es klappte nicht, weil in meinem Kopf zu viele andere Dinge waren. Ich fing an, ein mathematisches Problem zu lösen, damit ich wieder klarer denken konnte. Und das mathematische Problem, das ich mir vornahm, nennt man **Conways Soldaten**. (S. 224)

Die Beschäftigung mit solchen Rätseln ermöglicht Christopher, in dem Chaos um ihn herum Ordnung zu schaffen, und gibt ihm ein Gefühl der Sicherheit, wenn er nicht versteht, was um ihn herum passiert oder was seine Mitmenschen empfinden.

Der Detektiv Sherlock Holmes ist Christophers fiktives Vorbild, unter anderem, weil Holmes die Welt ebenfalls auf konkrete Weise sieht und sich nicht von Emotionen beeinflussen lässt.

> Der Hund der Baskervilles gefällt mir auch deshalb so gut, weil ich Sherlock Holmes gut finde. [...] Er ist sehr intelligent, löst das Rätsel und sagt: **Die Welt ist voller Dinge, die offen zu Tage liegen, und doch werden sie nie von irgendjemandem bemerkt.**
> Aber er bemerkt sie, genau wie ich. In dem Buch heißt es auch:
> **Sherlock Holmes verfügte in höchst erstaunlichem Maß über die Fähigkeit, willentlich seine Gedanken abzuschalten.** (S. 116-117)

Außerdem nutzt Holmes Logik, um Rätsel zu lösen, genauso wie Christopher mithilfe von Logik Wellingtons Tod lösen und die Welt und die Handlungen seiner Mitmenschen verstehen möchte. Der Originaltitel, *The Curious Incident of the Dog in the Night-Time*, verweist darauf. In der Kurzgeschichte, aus der der Titel stammt, weist Holmes mit diesem Satz auf etwas hin, das hätte passieren sollen aber nicht eingetreten ist (siehe S. 5), was sich als sehr bedeutsam für die Lösung des Rätsels erweist. In *Supergute Tage oder Die sonderbare Welt des Christopher Boone* ist eins der zentralen Ereignisse der Tod von Christophers Mutter. Erst später im Buch erfährt der Leser, dass sie eigentlich nicht gestorben ist. Diese

Tatsache spielt später eine wichtige Rolle, sowohl für die Lösung des Rätsels von Wellingtons Tod als auch in Christophers allgemeinem Leben.

ZUM NACHDENKEN

FRAGEN ZUR VERTIEFUNG

- Der englische Titel, *The Curious Incident of the Dog in the Night-Time* (siehe S. 5), ist ein Zitat aus einer Kurzgeschichte von Sherlock Holmes. Inwiefern sind sich Sherlock Holmes und Christopher ähnlich?
- Wie tragen Deiner Meinung nach die Abbildungen zum Verständnis und Wahrnehmung der Geschichte bei?
- Wieviel unabhängiger ist Christopher am Ende des Romans tatsächlich geworden?
- Wie viel Einfluss hat Christophers Behinderung Deiner Meinung nach auf die Trennung seiner Eltern gehabt? Begründe Deine Antwort.
- Die Geschichte wird aus Christophers Perspektive erzählt. Wie hat sich das Fehlen einer anderen, beständigeren Perspektive auf die Ereignisse in diesem Roman auf Dein Leseerlebnis ausgewirkt?
- „Die anderen Kinder auf meiner Schule sind alle dumm. Allerdings darf ich das nicht sagen, auch wenn es stimmt" (S. 73). Inwiefern wer-

den soziale Konventionen in der Geschichte respektiert oder untergraben?

- Versuche Dir vorzustellen, was als nächstes im Leben der Figuren passieren könnte.
- Die Geschichte spielt eindeutig in England, aber das Buch wurde zu einem weltweiten Erfolg. Wie kannst Du das erklären?
- Ist das Buch Deiner Meinung nach besser für Erwachsene, für Jugendliche oder für Kinder geeignet? Begründe Deine Antwort.
- Gibt es Buchstellen, die Dein eigenes Leben und Deine eigene Erfahrungen widerspiegeln? Warum/Warum nicht? Verwende für Deine Antwort Zitate aus dem Buch.
- Christophers Aussehen wird im Buch nicht beschrieben, der Leser weiß also nicht, ob er groß oder klein, dick oder dünn, hell- oder dunkelhäutig ist. Warum hat der Autor Deiner Meinung nach diese Wahl getroffen?
- In einem Interview über dieses Buch in der britischen Zeitung *The Guardian* sagt Mark Haddon im Jahr 2004: „Lesen ist ein Gespräch. Alle Bücher reden. Aber ein gutes Buch hört auch zu"[1]. Was glaubst Du, hat er damit gemeint?

---

1. Übersetzt für derQuerleser.de

Deine Meinung ist uns wichtig!
Hinterlasse doch einen Kommentar auf der Seite
unser Online-Buchhandlung
und teile Deine Favoriten in den sozialen
Netzwerken!

DARÜBER HINAUS

HERANGEZOGENE AUSGABE

- Haddon, Mark: *Supergute Tage oder Die sonderbare Welt des Christopher Boone*. Aus dem Englischen von Sabine Hübner. Goldmann: München 2005.

SEKUNDÄRLITERATUR

- „Christophers Weg in die Welt. Mark Heddon *[sic]* über einen autistischen Jugendlichen". *Deutschlandfunk.de*. (14.02.2004). https://www.deutschlandfunk.de/christophers-weg-in-die-welt.700.de.html?dram:article_id=81658 (23.07.2019).

- „Literatur: Britischer Whitebread-Preis für Kinderbuchautor Haddon". *Spiegel Online*. (28.01.2004). https://www.spiegel.de/kultur/literatur/literatur-britischer-whitbread-preis-fuer-kinderbuchautor-haddon-a-283949.html (23.07.2004).

- Conan Doyle, Arthur: „Silberstern". In: *Die Memoiren des Sherlock Holmes*. Aus dem Englischen von Nikolaus Stingl. Kein & Aber: 2005.

- Offizielle Website von Mark Haddon (auf Englisch). http://www.markhaddon.com/news (23.07.2019).

VERFILMUNG UND BÜHNENADAPTATION

- Im Jahr 2003 haben Brad Grey und Brad Pitt die Filmrechte erworben. Dafür wurde im Jahr 2011 bei Steve Kloves, der einen Großteil der Drehbücher der Harry-Potter-Filme geschrieben hat, das Drehbuch in Auftrag gegeben. Ein Zeitrahmen für die Produktion des Films wurde allerdings bis heute noch nicht festgelegt.

- *Kia und Cosmos*: Film von Sudipto Roy. Banglasdesh/England 2018.
  Es handelt sich hierbei um eine abgewandelte Version der Geschichte. Die Geschlechter der Hauptfiguren sind umgekehrt und die Handlung beginnt mit dem Mord an einer Katze namens Cosmos.

- *The Curious Incident of the Dog in the Night-Time: Theaterstück von Simon Stephens, mit Luke Treadaway.* England. Erstaufführung im August 2012.
  Das Theaterstück wurde ebenfalls in mehreren anderen Sprachen adaptiert, unter anderem auf Deutsch (ab 2013), Spanisch (ab 2014), Französisch (ab 2015) und Hebräisch (ab 2014).

MEHR AUF DERQUERLESER.DE

- Pinaud, Elena; Biehler, Jessica: Der Hund von Baskerville *von Arthur Conan Doyle (Lektürehilfe)*.

Detaillierte Zusammenfassung, Personenanalyse und Interpretation. Aus dem Französischen von Helle Hannken-Illjes. Plurilingua Publishing: Brüssel 2018.

Die präsentierten Inhalte werden vom Herausgeber überprüft, dennoch übernimmt dieser keine Haftung für die inhaltliche Richtigkeit, Vollständigkeit und Aktualität der vorgestellten Inhalte.

www.derQuerleser.de

ISBN digitale Ausgabe: 9782808021203

ISBN gedruckte Ausgabe: 9782808021210

Pflichtexemplar: D/2019/12603/214

Cover: © Plurilingua

Logo: © Graphicrepublic (Freepik.com) und Plurilingua

Digitale Aufbereitung: Primento, der digitale Partner der Herausgeber